DIPLODOCUS

(di–PLO–do–KUSS)

SAVAIS-TU QUE...

Diplodocus est l'un des plus longs dinosaures à avoir existé? C'est aussi l'un des plus connus, car nous avons trouvé beaucoup de squelettes presque complets!

Diplodocus signifie «double poutre»

PLANTONS LE DÉCOR

Tout a commencé quand les premiers dinosaures sont apparus il y a environ 231 millions d'années, pendant le Trias.

C'était le début de l'ère des dinosaures, une période où ils allaient être les rois du monde !

Les scientifiques appellent cette période le

MÉSOZOÏQUE.
(mé-zo-zo-ic)
Elle a duré si longtemps qu'ils l'ont divisée en trois parties.

Le TRIAS
51 millions d'années

Le JURASSIQUE
56 millions d'années

il y a **252** millions d'années

il y a **201** millions d'années

Diplodocus a existé durant le Jurassique, il y a entre 150 et 154 millions d'années.

Le
CRÉTACÉ

79 millions d'années

il y a **145** millions d'années   il y a **66** millions d'années

BULLETIN MÉTÉO

La Terre n'a pas toujours été comme on la connaît. Avant les dinosaures et au début du Mésozoïque, tous les continents étaient soudés et formaient un supercontinent appelé « la Pangée ». Au fil du temps, les choses ont changé, et à la fin du Jurassique, la Terre ressemblait plutôt à ceci.

JURASSIQUE IL Y A 150 MILLIONS D'ANNÉES

Période nommée d'après le Massif du Jura, situé dans les Alpes européennes

TRIAS

Extrêmement chaud, sec et poussiéreux

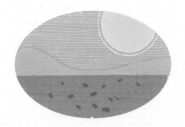

JURASSIQUE

Très chaud, humide et tropical

CRÉTACÉ

Chaud, pluvieux et saisonnier

À mesure que les continents se sont détachés, de nouvelles lignes côtières sont apparues. Autrefois sèche, la température est devenue humide et beaucoup de déserts se sont transformés en forêts pluviales luxuriantes.

D'OÙ VIENT-IL ?

Voici ce que nous savons à ce jour et où nous l'avons découvert…

COLORADO

ÉTATS-UNIS

C'EST LE PALÉONTOLOGUE **OTHNIEL CHARLES MARSH** QUI A DONNÉ SON NOM À DIPLODOCUS, EN 1878.

CE QU'ON A DÉCOUVERT :

Plusieurs squelettes partiels
et un presque complet

Les premiers os de *Diplodocus* ont été trouvés par Benjamin Mudge et Samuel Williston en 1877 dans une carrière située près de la ville de Canon City, au Colorado (États-Unis). D'autres os ont été trouvés ailleurs aux États-Unis depuis.

À ce jour, deux espèces de *Diplodocus* ont été recensées. Le spécimen le plus complet est *Diplodocus carnegii*, nommé d'après l'Américain d'origine écossaise Andrew Carnegie, magnat de l'acier. M. Carnegie avait fait fabriquer 11 reproductions qu'il a données à différents pays, faisant ainsi de *Diplodocus* l'un des dinosaures les plus exposés au monde !

PORTRAIT

Pendant le Jurassique, les espèces
végétales se sont multipliées, ce qui a
créé une abondance de nourriture pour
les herbivores, c'est-à-dire ceux qui se
nourrissaient de plantes. Les dinosaures
sont alors devenus de plus en plus gros,
et *Diplodocus* était un véritable géant de
son époque !

Regardons *Diplodocus* pour voir
en quoi il était spécial, fascinant et
complètement extraordinaire !

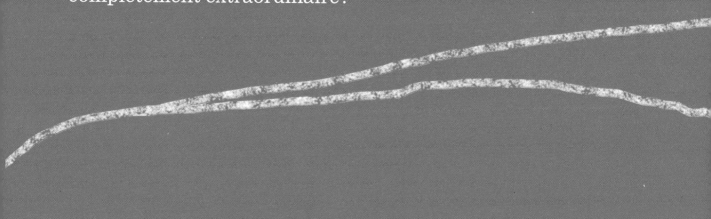

DIPLODOCUS

5 mètres des orteils à la hanche

Ce géant du Jurassique n'aurait jamais pu passer par la porte de ta maison. Il lui en aurait fallu trois de haut et au moins six de large !

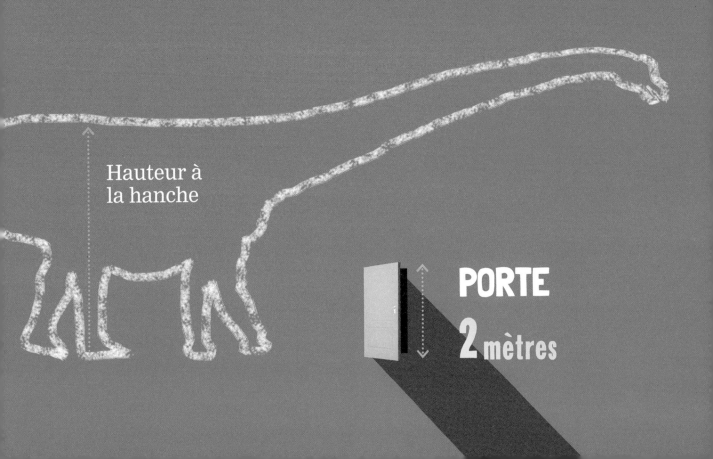

Hauteur à la hanche

PORTE

2 mètres

DIPLODOCUS

Longueur : jusqu'à 26 mètres

Hauteur : 5 mètres des orteils à la hanche

Poids : de 10 000 à 15 000 kilogrammes

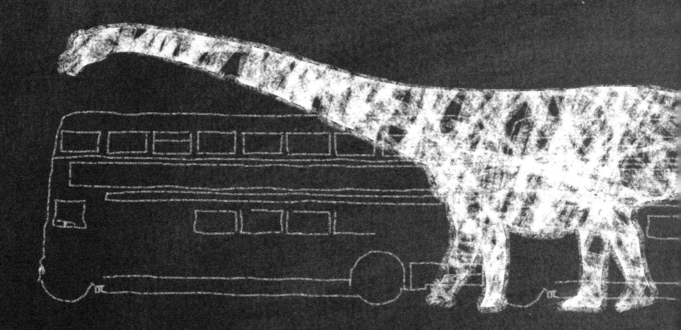

AUTOBUS À ÉTAGE

Longueur : **11 mètres**

Hauteur : **4,5 mètres**

Poids : **8000 kilogrammes (vide)**

Largeur : **2,5 mètres**

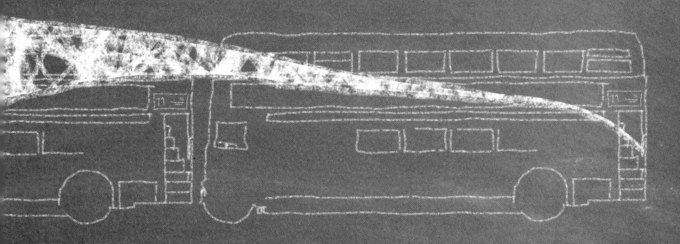

SOURIS

TROUILLE-
O-MÈTRE

Où se classe *Diplodocus*?

AUCUNEMENT
TERRIFIANT

1	2	3	4	5

↑

Quand il se promène et mange.

Quand on l'attaque. Le dinosaure
qui s'en prend à *Diplodocus* doit
prendre garde à sa longue queue
qu'il utilise pour infliger des
blessures parfois mortelles...
Nous y reviendrons !

| 6 | 7 | 8 | 9 | 10 |

JUGEOTE

Quand nous avons commencé à découvrir des dinosaures, nous pensions qu'ils étaient plutôt stupides !

Par la suite, quelques scientifiques ont cru que certains dinosaures avaient un second cerveau près de leur derrière ! On sait aujourd'hui que rien de cela n'est vrai.

Les scientifiques reconnaissent maintenant que les dinosaures n'avaient qu'un seul cerveau et qu'ils étaient plutôt futés pour des reptiles. Certains comptaient même parmi les plus intelligentes créatures sur Terre pendant le Mésozoïque. Cela dit, la plupart des mammifères actuels n'auraient rien à leur envier sur ce plan.

En tenant compte de :

leur taille

la taille de leur cerveau

leur odorat

leur vue

les scientifiques sont en mesure de les comparer les uns aux autres...

OÙ FIGURE DIPLODOCUS, UN HERBIVORE, AU PALMARÈS DES CERVEAUX ?

TROODON
(tro-OH!-don)

10/10
CARNIVORE
(le plus intelligent)

TYRANNOSAURUS REX
(ti-RAAAH!-nozo-RUSS rex)

9/10
CARNIVORE

IGUANODON
(i-GWA-no-DON)

6/10
HERBIVORE

STEGOSAURUS
(STÉGO-zo-RUSS)

3/10
HERBIVORE

ANKYLOSAURUS
(an-KILO-zo-RUSS)

3/10
HERBIVORE

DIPLODOCUS
(di-PLO-do-KUSS)

2/10
HERBIVORE
(pas tellement intelligent)

Les dinosaures sont
représentés à l'échelle !

RAPIDOMÈTRE

LENT

1 2 3 4 5

Diplodocus était un sauropode, c'est-à-dire un herbivore à quatre pattes doté d'un long cou et d'une longue queue, d'une petite tête et de membres massifs. Certains croient que la vitesse de pointe des sauropodes comme *Diplodocus* se situait entre 19 et 24 km/h.

RAPIDE

ARMES

6/10

Si les adultes à leur pleine grandeur n'avaient pas grand-chose à craindre des carnivores affamés, ils devaient quand même être en mesure de protéger les membres de leur groupe plus jeunes ou plus âgés qu'eux. Outre sa taille, *Diplodocus* pouvait compter sur une autre arme : sa queue…

QUEUE

La queue de *Diplodocus*, entre 14 et 15 mètres de long, représentait plus de la moitié de la longueur de son corps. Comptant plus de 80 vertèbres, elle était très souple, et *Diplodocus* pouvait la fouetter vigoureusement pour repousser les prédateurs en produisant un claquement sonore.

CERVEAU

Son minuscule cerveau avait la taille d'un poing d'enfant, ce qui est particulièrement petit pour un gros herbivore, si l'on tient compte de la taille de son corps.

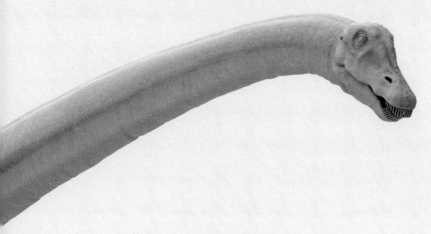

COU

Son cou mesurait au moins 7 mètres et comprenait 15 vertèbres allongées qui prolongeaient sa colonne vertébrale. Il était lourd et raide, et les scientifiques croient que *Diplodocus* ne pouvait pas l'élever beaucoup plus haut qu'à l'horizontale.

CŒUR

Pour faire circuler le sang dans un aussi gros corps, le cœur de *Diplodocus* était énorme. On estime qu'il devait peser environ 1500 kilogrammes, soit le poids d'une petite voiture !

DENTS

Muni de dents en forme de goujons qui étaient orientées vers l'extérieur et regroupées à l'avant de sa bouche, *Diplodocus* avait la dentition parfaite pour effeuiller les branches. Pour se nourrir, il fermait sa gueule sur les tiges et tirait sa tête vers l'arrière afin d'arracher les feuilles, comme un râteau.

Cette technique usait ses dents, mais il n'avait pas à s'en faire car elles se renouvelaient continuellement tout au long de sa vie.

Comme il n'avait pas de dents arrière, *Diplodocus* ne pouvait pas mastiquer sa nourriture et devait l'avaler entière.

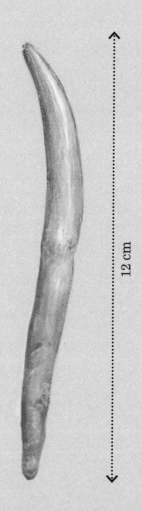

12 cm

Dent de 12 centimètres, des racines à la pointe, en taille réelle

AU MENU

Les scientifiques sont aujourd'hui d'accord pour dire que *Diplodocus* avait un cou trop raide et trop lourd pour être élevé plus haut qu'à l'horizontale. On croit donc qu'il se nourrissait de végétaux bas ou de hauteur moyenne comme le ginkgo, la fougère à graines, les cycadophytes, le lycopode et la prêle.

On pense que *Diplodocus* pouvait se lever sur ses pattes arrière pendant de longues durées, en utilisant sa queue comme troisième point d'appui, afin d'atteindre les délicieuses feuilles vertes qui se trouvaient à la cime des arbres!

Comme plusieurs dinosaures, *Diplodocus* avalait des cailloux, ou «gastrolithes», qui se promenaient dans son estomac pour l'aider à décomposer les plantes les plus coriaces.

QUI HABITAIT DANS LE MÊME
VOISINAGE?

TORVOSAURUS
(TORVO-zo-RUSS)

Ce théropode («qui marche sur deux jambes») carnivore mesurant 9 mètres de long et pesant 2000 kilogrammes représentait une menace réelle pour les *Diplodocus* trop jeunes ou âgés pour se défendre. Comme *Allosaurus*, il aurait été un dangereux prédateur («qui chasse d'autres animaux»). Nous n'avons jamais trouvé de squelette entier, alors il se peut qu'il ait été encore plus grand qu'on le suppose.

ALLOSAURUS
(ALLO-zo-RUSS)

Avec ses 9 mètres de long et ses 1500 kilogrammes, *Allosaurus* ne faisait pas le poids face à un *Diplodocus* adulte, mais un *Diplodocus* enfant, âgé ou faible offrait une cible plus facile, surtout pour des *Allosaurus* chassant en bande. On croit que le *Diplodocus* adulte utilisait sa queue en forme de fouet pour repousser ces prédateurs.

QUELS ANIMAUX VIVANT AUJOURD'HUI RESSEMBLENT LE PLUS À DIPLODOCUS?

Tu connais maintenant l'importance du cou et de la queue de *Diplodocus*. Plusieurs animaux qui existent aujourd'hui utilisent également ces caractéristiques.

Les girafes se servent de leur long cou pour atteindre les plus hautes branches des arbres et en manger les feuilles, ainsi que pour paraître imposantes et intimidantes.

Les chevaux, les vaches et les zèbres sont des animaux qui agitent eux aussi leur queue pour éloigner les mouches qui les agacent.

QU'Y A-T-IL DE SI GÉNIAL À PROPOS DE DIPLODOCUS ?

PÉRIODE D'EXISTENCE

JURASSIQUE

il y a de 150 à 154 millions d'années

TAILLE DES DENTS

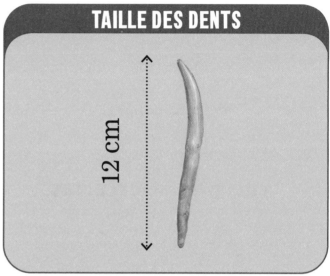

12 cm

POIDS

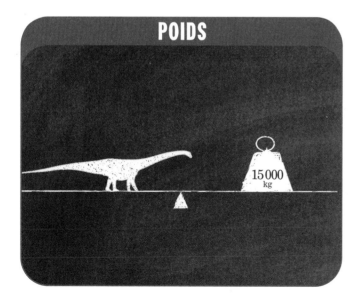

15 000 kg

RAPIDE OU LENT ?

RAPIDITÉ

4 sur 10

EN BREF

DÉCOUVERTES À CE JOUR

PLUSIEURS SQUELETTES PRESQUE COMPLETS

TERRIFIANT OU PAS ?

TROUILLE-
O-MÈTRE

2 **6**

quand il est relaxe | quand on l'attaque

VIANDE OU PLANTES ?

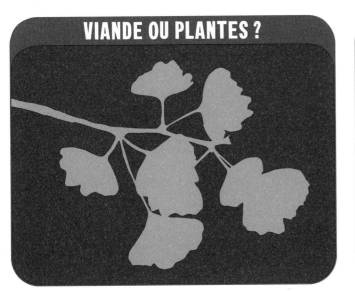

SON ÉQUIPEMENT

QUEUE EN FOUET

AS-TU LU TOUTE LA SÉRIE ?

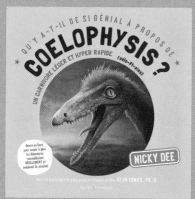

QU'Y A-T-IL DE SI GÉNIAL À PROPOS DE
COELOPHYSIS ?
UN CARNIVORE LÉGER ET HYPER RAPIDE (célo-FY-zise)

NICKY DEE

QU'Y A-T-IL DE SI GÉNIAL À PROPOS DE
LEAELLYNASAURA ?
UN HERBIVORE POLAIRE À LONGUE QUEUE (LÉLI-nazo-RAAH)

NICKY DEE

QU'Y A-T-IL DE SI GÉNIAL À PROPOS DE
TYRANNOSAURUS REX ?
« LE ROI DES DINOSAURES » (ti-RAAAH! nozo-RUSS rex)

NICKY DEE

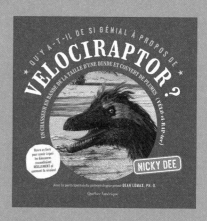

QU'Y A-T-IL DE SI GÉNIAL À PROPOS DE
VELOCIRAPTOR ?
UN CHASSEUR EN BANDE DE LA TAILLE D'UNE DINDE ET COUVERT DE PLUMES (VÉLO-ci-RAP-tor)

NICKY DEE

À PARAÎTRE BIENTÔT :

QU'Y A-T-IL DE SI GÉNIAL À PROPOS DE
ANKYLOSAURUS ?

NICKY DEE

QU'Y A-T-IL DE SI GÉNIAL À PROPOS DE
MEGALOSAURUS ?

NICKY DEE

QU'Y A-T-IL DE SI GÉNIAL À PROPOS DE
SPINOSAURUS ?

NICKY DEE

QU'Y A-T-IL DE SI GÉNIAL À PROPOS DE
STEGOSAURUS ?

NICKY DEE

QU'Y A-T-IL DE SI GÉNIAL À PROPOS DE
TRICERATOPS ?

NICKY DEE